Frédéric Berqué

Mini-cocottes & Co

Photographies de Denys Clément

Stylisme d'Isabelle Dreyfus

Remerciements d'Isabelle Dreyfus :
Mille mercis à Éva Praquin pour son magnifique shopping et sa gentillesse.
Merci infiniment à Staub pour ses belles cocottes.
Merci à Habitat, Le Bon Marché, The Conran Shop, Casa, Reval, Les Autruches, Le Creuset et Ikéa.

ISBN : 978-2-7540-1427-4
Dépôt légal : 3e trimestre 2009
Imprimé en France - L56470
Photos © Denys Clément
Édition : Aurélie Starckmann
Conception graphique : Istria
Pictogramme © Pascale Etchecopar

Éditions First-Gründ
60, rue Mazarine
75006 Paris – France
e-mail : firstinfo@efirst.com
Site internet : www.editionsfirst.fr

Sommaire

Introduction

Suite logique de nos *Cocottes minus*, ce deuxième opus vous propose de nouvelles recettes spécialement adaptées aux cocottes individuelles. Leur succès auprès des professionnels et du grand public ne se dément pas. Mieux encore, les mini-cocottes se diversifient : on en trouve désormais de toutes les formes, tous les volumes, toutes les teintes et tous les matériaux.

Ravissantes et décoratives, les mini-cocottes offrent la possibilité de s'y prendre à l'avance pour préparer son repas. Il ne vous reste plus, au moment de passer à table, qu'à terminer la cuisson ou à les réchauffer. Le couvercle a aussi son importance : une mini-cocotte fermée ménage votre effet de surprise, et préserve la chaleur et le parfum des mets. Décidément, ces petites cocottes ont beaucoup d'atouts !

Les recettes de cet ouvrage sont donc destinées à être soit cuisinées, soit dressées simplement dans une mini-cocotte. La taille réduite et la spécificité de ce matériel nécessitent de respecter quelques consignes :

- Préchauffez correctement et systématiquement le four.
- Proportionnez bien les viandes ou les poissons à la taille de vos petites cocottes.
- Taillez finement les légumes et les fruits.
- Respectez bien la cuisson au four, avec ou sans couvercle.
- Seules les cocottes en fonte peuvent résister à un contact avec une flamme ; la majorité des cuissons se font donc dans un four.
- Rectifiez l'assaisonnement avant la cuisson.

- Vérifiez toujours la justesse de la cuisson et la bonne température des mets avec la pointe d'un couteau, car la petitesse des portions et des cocottes peut être trompeuse.
- Servez les mini-cocottes à la sortie du four : c'est meilleur quand c'est chaud !

Dans cet ouvrage, la part belle est faite aux produits de la mer, aux légumes et aux fruits de saison qui, par leur taille et leur cuisson rapide, conviennent parfaitement aux mini-cocottes. Vous pourrez ainsi cuisiner des plats complets et savoureux, comme les cocottes de cabillaud à la fondue de poireaux ou le bar mariné et sa piperade. Ces petites marmites se prêtent volontiers à la cuisson de belles garnitures ou de gratins comme l'embeurré d'endives et jambon au munster ou le gratin provençal à la mozzarella. La mini-cocotte sucrée n'a pas fini d'étonner : essayez donc le cheese-cake au citron ou le sabayon crémeux de fraises au basilic, et régalez vos amis les plus curieux et les plus gourmets ! Les viandes et volailles ne sont pas en reste, et vous aimerez le filet mignon de porc aux marrons et oignons caramélisés ou notre parmentier de confit de canard en cocotte. Enfin, redécouvrez ce grand classique que sont les œufs cocotte : qu'ils soient basquaise, au jambon ou au mascarpone, ne vous privez pas de ces plaisirs simples et gourmands.

Le décor est planté, ne résistez pas à la tentation et lancez-vous dans l'univers étonnant et ludique des mini-cocottes !

Œufs cocotte basquaise

coût peu élevé • facile à réaliser • préparation : 20 min • cuisson : 12 min • pour 4 personnes

4 mini-cocottes
1 cocotte
1 bain-marie (plat à gratin)

4 œufs extra-frais
1 tranche de jambon de Bayonne
1 cuil. à soupe d'huile d'olive
1 oignon
1/2 poivron vert
2 tomates
2 gousses d'ail
2 cuil. à soupe de vin blanc
1 pincée de piment d'Espelette
4 petites branches de thym
sel fin

1. Émincez finement l'oignon et le poivron vert. Coupez les tomates en deux, épépinez-les, puis concassez-les grossièrement. Dans une cocotte, faites revenir à l'huile d'olive l'oignon, puis le poivron, puis les tomates. Ajoutez l'ail, le vin blanc, le piment et le sel fin. Laissez compoter doucement cette basquaise pendant une dizaine de minutes.

2. Préchauffez le four à 180 °C (th. 6). Déposez-y le bain-marie rempli à mi-hauteur d'eau bouillante. Taillez la tranche de jambon de Bayonne en fines lanières ou en petits dés.

3. Répartissez, dans chaque mini-cocotte, la basquaise, puis quelques lanières de jambon de Bayonne. Cassez dessus 1 œuf par cocotte. Assaisonnez de sel fin et de piment d'Espelette, puis déposez les branches de thym.

4. Placez les cocottes dans un bain-marie bouillant. Laissez cuire 10 à 12 minutes dans le four. Décorez avec le reste des lanières de jambon cru. Servez aussitôt.

variante

Servez les œufs cocotte avec des mouillettes de pain de campagne entourées de jambon de Bayonne.

truc de cuisinier

Le temps de cuisson des œufs est assez aléatoire. Les œufs cocotte sont cuits quand le blanc est coagulé et que le jaune reste encore liquide ou crémeux.

Cocottes d'œuf poché aux saveurs marines

coût moyen • facile à réaliser • préparation : 30 min • cuisson : 5 min • pour 4 personnes

4 mini-cocottes
3 casseroles
1 cocotte

4 œufs extra-frais
300 g de coques
1 dl de vin blanc
1 cuil. à soupe de persil haché
1 échalote
1,5 dl de crème liquide
30 g de beurre
1 cuil. à soupe de Maïzena
200 g de carottes
100 g de petits pois
4 pluches de cerfeuil
3 cuil. à soupe de vinaigre d'alcool
gros sel - sel fin
safran

1 Lavez soigneusement trois fois les coques. Faites-les cuire dans une cocotte, à couvert et pendant quelques minutes, avec le vin blanc, le persil et l'échalote hachée. Décoquillez les coques et filtrez le jus. Coupez les carottes en gros bâtonnets et faites-les cuire quelques minutes dans de l'eau bouillante salée : gardez-les croquantes.

2 Faites frémir dans une casserole 1 l d'eau salée et vinaigrée. Cassez 1 œuf dans un ramequin. Fouettez l'eau frémissante pour créer un tourbillon. Versez délicatement l'œuf au centre du tourbillon. Laissez frémir pendant 2 à 3 minutes (le jaune doit rester liquide). Sortez l'œuf délicatement et placez-le dans de l'eau froide. Répétez l'opération pour les 3 autres œufs.

3 Mélangez, dans une casserole, le jus des coques avec la crème et une bonne pincée de safran. Faites frémir le tout, ajoutez 30 g de beurre en parcelles et rectifiez l'assaisonnement. Liez cette sauce avec un peu de Maïzena. Répartissez les carottes, les petits pois, les coques et la sauce dans les 4 cocottes. Refermez les couvercles.

4 Passez les mini-cocottes pendant 4 à 5 minutes dans un four préchauffé à 200 °C (th. 6-7). Ajoutez délicatement un œuf poché au centre de chaque cocotte. Décorez avec les pluches de cerfeuil. Servez aussitôt.

variante

Agrémentez les légumes avec des bâtonnets de navet, de céleri ou des haricots verts.

truc de cuisinier

Réchauffez les œufs pochés au dernier moment en les plongeant pendant quelques secondes, à l'aide d'une passoire, dans de l'eau bouillante.

Œufs cocotte aux lanières de jambon blanc

coût peu élevé • facile à réaliser • préparation : 10 min • cuisson : 12 min • pour 4 personnes

4 mini-cocottes
1 cocotte
1 bain-marie (plat à gratin)

4 œufs extra-frais
1 tranche de jambon blanc
1 cuil. à soupe d'huile d'olive
6 cl de crème liquide
8 tomates cerises
4 feuilles de basilic
4 tranches de pain de mie
sel fin - poivre du moulin

1 Préchauffez le four à 180 °C (th. 6). Déposez-y le bain-marie rempli à mi-hauteur d'eau bouillante.

2 Taillez la tranche de jambon blanc en fines lanières. Coupez les tomates cerises en quartiers.

3 Répartissez, dans chaque mini-cocotte, un peu d'huile d'olive, les lanières de jambon blanc, les quartiers de tomates cerises et une feuille de basilic. Cassez dessus 1 œuf par cocotte. Versez un cordon de crème autour de l'œuf. Assaisonnez de sel fin et de poivre du moulin.

4 Déposez les cocottes dans le bain-marie bouillant. Laissez cuire 10 à 12 minutes dans le four. Toastez les tranches de pain de mie, puis découpez-les en mouillettes. Servez aussitôt les œufs cocotte et les mouillettes.

variante

Si les tomates cerises sont très petites, vous pouvez les garder entières, mais il faudra les rouler préalablement pendant 1 minute dans une petite poêle avec un peu d'huile d'olive bien chaude.

truc de cuisinier

Pour une entrée plus copieuse, n'hésitez pas à doubler le nombre d'œufs.

Brouillade d'œufs au poivron et chorizo

coût peu élevé • facile à réaliser • préparation : 10 min • cuisson : 5 min • pour 4 personnes

4 mini-cocottes - 1 casserole
1 poêle - 1 saladier

8 œufs - 40 g de beurre

1 cuil. à soupe de moutarde mi-forte

2 cuil. de coulis de tomate ou de ketchup

8 tranches de chorizo

1/4 de poivron rouge - 1/4 de poivron vert

quelques brins d'aneth

sel fin - poivre du moulin

Préchauffez les mini-cocottes pendant quelques minutes dans un four chaud. Découpez les tranches de chorizo et les poivrons en petits dés réguliers. Faites chauffer une poêle sans matières grasses. Jetez-y les cubes de chorizo, puis ceux de poivron. Faites-les sauter pendant quelques minutes, puis réservez-les. Cassez les œufs dans un saladier. Assaisonnez-les. Fouettez-les vigoureusement. Dans une grande casserole, faites fondre le beurre à feu très doux. Versez les œufs dans le beurre fondu. Remuez avec une spatule sans discontinuer pendant quelques minutes et toujours à feu doux. Lorsque les œufs deviennent crémeux, incorporez la moutarde, le coulis de tomate, puis trois quarts des dés de chorizo et de poivron. Mélangez délicatement. Puis répartissez le tout dans les mini-cocottes bien chaudes. Décorez avec le reste des dés et les brins d'aneth. Servez aussitôt.

Brouillade d'œufs aux asperges et saumon fumé

coût peu élevé • facile à réaliser • préparation : 10 min • cuisson : 5 min • pour 4 personnes

4 mini-cocottes
2 casseroles - 1 saladier

8 œufs

40 g de beurre

1 belle tranche de saumon fumé

16 pointes d'asperges vertes

2 cuil. à soupe de crème fraîche épaisse

quelques brins de ciboulette

sel fin - poivre du moulin

Préchauffez les mini-cocottes pendant quelques minutes dans un four chaud. Détaillez la tranche de saumon fumé en fines lanières. Plongez les pointes d'asperges dans une casserole remplie d'eau frémissante salée. Laissez frémir les asperges pendant quelques minutes de manière à les garder un peu fermes, puis égouttez-les. Ciselez la ciboulette. Cassez les œufs dans un saladier. Assaisonnez-les. Fouettez-les vigoureusement. Dans une grande casserole, faites fondre le beurre à feu très doux. Versez les œufs dans le beurre fondu. Remuez avec une spatule sans discontinuer pendant quelques minutes et toujours à feu doux. Lorsque les œufs deviennent crémeux, incorporez la crème épaisse, puis les lanières de saumon fumé. Mélangez délicatement. Puis répartissez le tout dans les mini-cocottes bien chaudes. Décorez avec les pointes d'asperges. Parsemez de ciboulette. Servez aussitôt.

STAUB

Œufs cocotte au mascarpone et tomate confite

coût peu élevé • facile à réaliser • préparation : 10 min • cuisson : 12 min • pour 4 personnes

4 mini-cocottes
1 poêle
1 bain-marie (plat à gratin)

4 œufs extra-frais
1 tomate grappe
3 cuil. à soupe d'huile d'olive
4 cuil. à soupe de mascarpone
4 feuilles de basilic
30 g de parmesan
origan
sel fin - poivre du moulin

1 Préchauffez le four à 180 °C (th. 6). Déposez-y le bain-marie rempli à mi-hauteur d'eau bouillante. Râpez le parmesan en gros copeaux.

2 Coupez la tomate en quatre. Faites chauffer de l'huile d'olive dans une poêle. Colorez rapidement les quartiers de tomate sur les deux faces. Assaisonnez de sel, de poivre et d'origan.

3 Répartissez, dans chaque mini-cocotte, un peu d'huile d'olive, le mascarpone, le quartier de tomate. Cassez 1 œuf par cocotte. Assaisonnez de sel fin, d'origan et de poivre du moulin. Décorez avec une feuille de basilic, quelques copeaux de parmesan et un trait d'huile d'olive.

4 Déposez les cocottes dans le bain-marie bouillant. Laissez cuire 10 à 12 minutes dans le four. Servez aussitôt les œufs cocotte.

variante

Ajoutez en décor une tranche de pancetta simplement grillée dans une poêle avec un filet d'huile d'olive.

truc de cuisinier

Utilisez un épluche-légumes ou un couteau Économe pour confectionner les copeaux de parmesan.

Cocottes de foie gras chaud aux griottines et figue rôtie

coût élevé • assez facile à réaliser • préparation : 30 min • cuisson : 20 min • pour 4 personnes

4 mini-cocottes
1 poêle
1 casserole

4 tranches de foie gras de canard cru (4 x 80 g)
1 cuil. à soupe de vinaigre de framboise
5 cuil. à soupe de miel
1 pincée de cannelle
10 cl de fond brun de veau lié
1 petite conserve de griottines
4 figues fraîches
50 g de beurre
4 petits bouquets de roquette
vinaigrette
fleur de sel

1. Dans chaque mini-cocotte préalablement beurrée, déposez 1 figue fraîche, quelques parcelles de beurre, 1 cuillerée à soupe de miel et une pincée de cannelle. Faites rôtir les figues pendant 20 minutes dans un four à 200 °C (th. 6-7).

2. Dans une casserole, versez le vinaigre de framboise et 1 cuillerée à soupe de miel. Faites frémir le tout pendant 1 minute. Ajoutez le fond brun lié, puis un peu de jus des griottines. Laissez réduire pour épaissir un peu la sauce.

3. Faites chauffer une poêle sans graisse. Déposez les tranches de foie gras dans la poêle bien chaude et laissez-les colorer pendant 1 minute de chaque côté (le foie gras doit être craquant à l'extérieur et mou à l'intérieur). Salez avec la fleur de sel.

4. Déposez une tranche de foie gras, dans chaque mini-cocotte, à cheval sur la figue rôtie. Ajoutez quelques griottines, puis un cordon de sauce. Décorez avec un petit bouquet de roquette assaisonnée de vinaigrette.

variante

Accompagnez ces mini-cocottes de tranches de pain grillées.

truc de cuisinier

Faites rôtir les figues 20 minutes juste avant de servir les mini-cocottes.

STAUB
LA COCOTTE
STAUB

Petits flans de courgettes à la menthe et chèvre frais

coût peu élevé • facile à réaliser • préparation : 15 min • cuisson : 25 min • pour 4 personnes

4 mini-cocottes - 1 poêle - 1 robot mixeur

1 courgette bien ferme

20 g de beurre

1 gousse d'ail - 2 c. à s. d'huile d'olive

150 g de fromage de chèvre frais

2 œufs - 5 cl de crème liquide

1 c. à s. de moutarde - 1 c. à s. de graines de pavot

quelques feuilles de menthe - sel fin

Préchauffez le four à 200 °C (th. 6-7). Beurrez grassement les mini-cocottes. Coupez la courgette en petits dés. Hachez finement l'ail. Faites sauter rapidement les dés de courgette à l'huile d'olive avec l'ail haché et du sel fin. Gardez les dés de courgette croquants.

Dans la cuve d'un robot mixeur, déposez le fromage de chèvre frais avec les œufs, la crème, les feuilles de menthe, la moutarde, les graines de pavot et le sel fin. Mixez pendant 1 minute. Répartissez les cubes de courgette dans les mini-cocottes. Complétez avec le flan sans dépasser les trois quarts de la hauteur. Faites cuire les flans 20 à 25 minutes dans le four chaud.

Cocottes de foies de volaille sautés au vinaigre de framboise

coût peu élevé • facile à réaliser • préparation : 10 min • cuisson : 5 min • pour 4 personnes

4 mini-cocottes - 1 poêle

350 g de foies de volaille

2 pommes

30 g de beurre - 5 cl d'huile

3 c. à s. de vinaigre de framboise - 1 c. à c. de miel liquide

quelques pignons de pin

4 poignées de roquette ou de salade frisée

sel fin - poivre du moulin

Préchauffez le four à 180 °C (th. 6). Épluchez et découpez les pommes en quartiers. Faites chauffer le beurre dans une poêle. Déposez les quartiers de pommes dans la graisse chaude. Laissez-les à peine colorer des deux côtés. Répartissez-les dans les mini-cocottes et passez-les au four, sans couvercle, pendant quelques minutes. Vérifiez les foies de volaille, supprimez les veines et coupez-les en gros morceaux.
Dans la même poêle, faites chauffer 5 cl d'huile. Colorez rapidement et vivement les foies de volaille. Salez et poivrez. Gardez-les rosés à cœur. Répartissez-les dans les mini-cocottes chaudes avec les pommes. Versez dans la poêle de cuisson le vinaigre de framboise et le miel, et laissez à peine frémir. Ajoutez une poignée de roquette et des pignons de pin dans les mini-cocottes, puis versez le vinaigre réduit. Servez aussitôt.

STAUB
STAUB

Gratin de saint-jacques et crevettes au lait de coco

coût élevé • assez facile à réaliser • préparation : 20 min • cuisson : 20 min • pour 4 personnes

4 mini-cocottes
1 casserole
1 saladier
1 poêle antiadhésive

8 noix de Saint-Jacques
12 crevettes bouquet décortiquées
500 g d'épinards frais
50 g de beurre
15 cl de lait de coco non sucré
15 cl de crème épaisse
2 jaunes d'œufs
80 g de gruyère
curry
sel fin - poivre du moulin

1 Équeutez, lavez puis égouttez soigneusement les épinards frais. Faites fondre dans une grande casserole 30 g de beurre. Ajoutez les épinards dans la graisse chaude. Remuez un peu. Salez et poivrez. Ajoutez un filet d'eau et laissez cuire à couvert quelques minutes. Vérifiez la cuisson des épinards, puis égouttez-les de nouveau.

2 Préchauffez le four à 200 °C (th. 6-7). Beurrez les mini-cocottes, puis répartissez, à mi-hauteur, les épinards. Confectionnez un flan salé en mélangeant le lait de coco avec la crème épaisse, les jaunes d'œufs, du sel et du poivre. Réservez ce flan au frais.

3 Faites chauffer un peu de beurre dans une poêle. Déposez les noix de Saint-Jacques dans la graisse chaude, colorez-les pendant 30 secondes uniquement d'un côté. Assaisonnez-les de sel et d'une pincée de curry.

4 Déposez 2 noix de Saint-Jacques et 3 crevettes par mini-cocotte. Versez le flan à hauteur. Ajoutez un peu de gruyère râpé. Faites gratiner rapidement pendant quelques minutes dans le four chaud.

variante

Ajoutez un peu de ciboulette hachée dans le flan.

truc de cuisinier

Pensez à déposer les noix de Saint-Jacques côté coloré au-dessus.

Cocottes de la mer à l'anis

coût élevé • facile à réaliser • préparation : 30 min • cuisson : 20 min • pour 4 personnes

4 cocottes rondes de 12 cm de diamètre

6 casseroles - 1 ramequin

4 belles noix de Saint-Jacques sans corail

8 crevettes décortiquées

400 g de moules de bouchot

2 dl de vin blanc

1 échalote hachée

2 dl de crème liquide

1 cuil. à soupe de fécule de maïs

1 cuil. à soupe de pastis

200 g de champignons de Paris

200 g de carottes et 200 g de courgettes en julienne

1/2 citron

1 cuil. à soupe de persil haché

2 anis étoilés

1 Dans une casserole, laissez frémir 1 dl de vin blanc, 1 anis étoilé et l'échalote 2 à 3 minutes. Retirez le petit nerf des noix de Saint-Jacques. Déposez-les pendant 30 secondes dans le vin frémissant. Débarrassez-les dans une assiette. Filtrez et réservez le jus de cuisson. Grattez et lavez les moules. Faites-les cuire pendant 6 minutes, dans une casserole, avec 1 dl de vin blanc, 1 anis étoilé et du persil haché. Décoquillez les moules et réservez-les avec les noix de Saint-Jacques. Filtrez et réservez le jus de cuisson.

2 Coupez les champignons de Paris en quatre. Laissez-les cuire pendant 5 minutes dans une casserole avec 3 cuillerées à soupe d'eau et le jus d'un demi-citron. Salez, réservez les champignons et le jus. Faites cuire les carottes et les courgettes séparément, pendant quelques minutes dans de l'eau bouillante et salée. Gardez-les croquants.

3 Dans une casserole, réunissez 10 cl du mélange de jus de cuisson des saint-jacques, des moules et des champignons. Laissez frémir le tout 2 à 3 minutes, puis ajoutez 20 cl crème. Dans un ramequin délayez la fécule de maïs avec le pastis. Versez cette liaison dans la sauce bouillante, fouettez aussitôt. Laissez réduire un peu.

4 Répartissez les champignons, les bâtonnets de carottes et de courgettes ainsi que les fruits de mer dans les mini-cocottes. Versez par-dessus et à mi-hauteur la sauce anisée. Fermez les couvercles et terminez la cuisson pendant quelques minutes dans un four chaud.

variante

Vous pouvez faire gratiner les cocottes au four en ajoutant une petite couche de gruyère râpé.

truc de cuisinier

Si la sauce est trop épaisse, ajoutez un peu de lait et mixez-la. Si elle est trop liquide, versez de nouveau de la fécule de maïs délayée.

LA COCOTTE
STAUB

Cocottes de langoustines au sabayon de champagne

coût élevé • assez facile à réaliser • préparation : 30 min • cuisson : 20 min • pour 4 personnes

4 mini-cocottes
1 grande casserole
1 casserole - 1 poêle
1 saladier
1 bain-marie
1 chalumeau

16 langoustines
250 g de champignons de Paris émincés
400 g de blancs de poireaux
80 g de beurre
10 cl d'eau
2 cuil. à soupe de crème épaisse
sel fin - poivre du moulin

Sauce au champagne :
5 cl de champagne
2 jaunes d'œufs
80 g de beurre fondu
sel fin - piment moulu

1 Faites cuire les langoustines 3 minutes dans de l'eau frémissante et salée. Égouttez-les et rafraîchissez-les. Décortiquez les langoustines. Réservez les queues au frais. Faites sauter rapidement les champignons dans une poêle avec du beurre chaud.

2 Émincez finement les blancs de poireaux. Déposez-les au fond d'une casserole. Ajoutez 10 cl d'eau froide, 40 g de beurre et du sel fin. Portez le tout à ébullition et laissez cuire, à feu doux et à couvert, pendant une quinzaine de minutes. Vérifiez la cuisson et l'assaisonnement. Égouttez et laissez refroidir les poireaux, puis ajoutez la crème épaisse. Répartissez-les dans les mini-cocottes préalablement beurrées. Déposez harmonieusement les champignons sautés et 4 langoustines par cocotte. Refermez les couvercles et faites réchauffer pendant quelques minutes dans un four chaud.

3 Dans un saladier, fouettez 2 jaunes d'œufs avec 5 cl de champagne, du sel et une pincée de piment. Déposez ensuite le saladier dans un bain-marie bien chaud. Fouettez énergiquement pendant au moins 3 à 4 minutes, jusqu'à l'obtention d'un sabayon consistant et onctueux. Hors du feu, versez petit à petit 80 g de beurre fondu dans le sabayon.

4 Répartissez le sabayon dans les mini-cocottes bien chaudes. Colorez-le à l'aide d'un chalumeau ou sous le gril du four. Servez aussitôt.

variante

Ajoutez quelques pointes d'asperges vertes avec les champignons et la fondue de poireaux.

truc de cuisinier

La coloration au chalumeau est très rapide, elle ne dure que quelques secondes. Soyez vigilant.

Cocottes de noix de Saint-Jacques rôties à l'alsacienne

coût élevé • facile à réaliser • préparation : 20 min • cuisson : 1 h • pour 4 personnes

4 mini-cocottes
1 saucière
1 grande cocotte
1 casserole
1 poêle
1 petit mixeur plongeant

8 belles noix de Saint-Jacques sans corail
150 g de beurre
5 cl de vin blanc
1 échalote
5 cl de crème liquide
1/2 citron
1/2 chou rouge
1 petit oignon
10 cl de vin rouge
15 cl de bouillon de volaille
1 cuil. à soupe de miel
1 bâton de cannelle
4 pluches de cerfeuil
fleur de sel - sel fin

1. Émincez ou râpez finement l'oignon et le chou rouge. Dans une grande cocotte faites revenir au beurre l'oignon, puis le chou. Ajoutez le vin rouge, le bouillon de volaille, le miel, puis le bâton de cannelle. Laissez cuire, à feu doux et à couvert, pendant 1 heure. Remuez de temps en temps. Vérifiez la cuisson et l'assaisonnement.

2. Répartissez le chou rouge dans les mini-cocottes, refermez-les et passez-les dans un four à 180 °C (th. 6) quelques minutes avant de dresser. Retirez le petit nerf des noix de Saint-Jacques. Ciselez l'échalote finement.

3. Dans une petite casserole, laissez frémir doucement l'échalote ciselée avec 5 cl de vin blanc pendant 3 à 4 minutes. Ajoutez 100 g de beurre en grosses parcelles dans cette réduction. Laissez fondre le beurre, puis ajoutez 5 cl de crème liquide et le jus d'un demi-citron. Portez le tout à la limite du frémissement. Salez, et mixez ce beurre blanc à l'aide d'un petit mixeur plongeant.

4. Dans une poêle, faites colorer dans le beurre chaud les noix de Saint-Jacques, 1 minute par côté. Assaisonnez à la fleur de sel. Déposez 2 noix de Saint-Jacques par cocotte. Ajoutez un trait de beurre blanc. Décorez avec une pluche de cerfeuil. Servez le reste de sauce en saucière.

variante

Ajoutez quelques petits dés de pomme en fin de cuisson avec le chou rouge.

truc de cuisinier

N'hésitez pas à bien colorer les noix de Saint-Jacques dans le beurre chaud : elles auront plus de saveur.

Cocottes de rouget et moules au curry

coût moyen • facile à réaliser • préparation : 20 min • cuisson : 8 min • pour 4 personnes

4 mini-cocottes rondes de 12 cm de diamètre

1 casserole - 1 poêle

1 cocotte

4 petits filets de rouget

2 cuil. à soupe d'huile d'olive

1 cuil. à soupe de curry

400 g de moules de bouchot

1 dl de vin blanc

1 cuil. à soupe de persil haché

1 échalote

10 cl de lait de coco concentré non sucré

10 cl de crème liquide

1 cuil. à soupe de menthe hachée

1 cuil. à soupe d'amandes effilées et torréfiées

sel fin

1 Grattez et lavez les moules de bouchot. Faites-les cuire dans une cocotte, à couvert et pendant quelques minutes, avec le vin blanc, le persil et l'échalote hachée. Décoquillez les moules et filtrez le jus.

2 Coupez les 4 filets de rouget en deux et de biais. Saupoudrez-les de curry et d'une pincée de sel fin. Dans une poêle, faites chauffer l'huile d'olive. Faites revenir pendant quelques secondes les 8 morceaux de rouget dans la graisse chaude.

3 Mélangez, dans une casserole, le jus des moules avec la crème et le lait de coco. Faites frémir et rectifiez l'assaisonnement de cette sauce. Versez-la dans les 4 cocottes. Répartissez les moules. Déposez 2 morceaux de rouget entrecroisés. Refermez les couvercles.

4 Faites cuire 6 à 8 minutes dans un four préchauffé à 200 °C (th. 6-7). Ajoutez les amandes torréfiées puis la menthe hachée juste avant de servir.

variante

Pour une saveur encore plus originale, ajoutez dans la sauce quelques dés de pomme.

truc de cuisinier

Pour torréfier les amandes, déposez-les dans une poêle bien chaude, sans matières grasses. Remuez délicatement et constamment jusqu'à une légère coloration.

LA COCOTTE
STAUB
STAUB

Cocottes de sole aux fruits de mer et safran

coût élevé • assez facile à réaliser • préparation : 30 min • cuisson : 12 min • pour 4 personnes

4 mini-cocottes rondes de 12 cm de diamètre

2 casseroles

1 poêle

4 filets de sole

300 g de moules de bouchot

100 g de crevettes bouquet décortiquées

5 cl de vin blanc

1 échalote

1 cuil. à soupe de persil haché

200 g de champignons de Paris frais

30 g de beurre

20 cl de crème liquide

1 citron

quelques brins de ciboulette

1 pincée de safran

sel fin

1 Grattez et lavez les moules. Déposez-les dans une casserole avec le vin blanc, l'échalote hachée et le persil haché. Faites cuire à feu vif et à couvert pendant 3 à 4 minutes. Décoquillez les moules. Filtrez et réservez le jus.

2 Enroulez les 4 filets de sole sur eux-mêmes, côté chair à l'intérieur, et maintenez-les avec un cure-dents. Émincez les champignons de Paris, faites-les revenir rapidement au beurre.

3 Préchauffez le four à 200 °C (th. 6-7). Dans une petite casserole, versez le jus de cuisson des moules et la crème liquide. Portez le tout à ébullition et laissez réduire quelques minutes. Ajoutez du safran et du sel. Acidulez cette sauce avec quelques gouttes de jus de citron.

4 Répartissez les champignons, les moules et les crevettes dans les mini-cocottes. Ajoutez la sauce. Déposez les roulades de sole. Assaisonnez. Refermez les couvercles des mini-cocottes et passez-les au four pendant 10 à 12 minutes. Ajoutez un peu de ciboulette finement ciselée à la fin de la cuisson. Servez aussitôt.

variante

Remplacez le filet de sole par un filet de limande.

truc de cuisinier

Réservez et surgelez systématiquement le jus de cuisson des moules : c'est une excellente base de sauce.

STAUB

Cocottes de cabillaud à la fondue de poireaux

coût moyen • facile à réaliser • préparation : 20 min • cuisson : 15 min • pour 4 personnes

4 mini-cocottes de 12 cm de diamètre - 1 casserole

4 petits pavés de cabillaud - 400 g de blancs de poireaux

10 cl d'eau - 5 cl de crème liquide - 60 g de beurre

2 c. à s. d'huile d'olive - 2 c. à s. de vin blanc

8 tomates cerises

quelques brins de ciboulette - sel fin - poivre du moulin

Émincez finement les blancs de poireaux. Déposez-les au fond d'une casserole. Ajoutez 10 cl d'eau froide, 40 g de beurre et du sel fin. Portez le tout à ébullition et laissez cuire, à feu doux et à couvert, pendant une quinzaine de minutes. Vérifiez la cuisson et l'assaisonnement. Égouttez les poireaux, puis ajoutez la crème liquide.

Répartissez la fondue de poireaux dans les mini-cocottes préalablement beurrées. Déposez par-dessus les pavés de cabillaud. Ajoutez un trait d'huile d'olive et un trait de vin blanc. Assaisonnez de sel fin et de poivre du moulin. Terminez avec 2 petites tomates cerises par cocotte et les brins de ciboulette. Refermez les cocottes. Déposez-les dans un four préchauffé à 200 °C (th. 6-7). Laissez cuire pendant 12 à 15 minutes.

Cocottes de saumon mariné au fenouil et citron vert

coût moyen • facile à réaliser • préparation : 25 min • cuisson : 15 min • pour 4 personnes

4 mini-cocottes de 12 cm de diamètre

1 casserole - 1 bol

1 plat - 1 poêle

4 petits pavés de saumon sans peau

2 bulbes de fenouil émincés

10 cl d'huile d'olive

1 citron - 1 c. à s. de pastis - 1 citron vert

sel fin - poivre du moulin

Réservez l'aneth des branches du fenouil pour le décor. Déposez le fenouil émincé dans une petite casserole avec un filet d'huile d'olive et un peu d'eau. Salez et laissez cuire doucement, à couvert, pendant 6 à 8 minutes. Égouttez. Laissez macérer pendant quelques minutes, dans un plat, les pavés de saumon avec le jus de citron mélangé à 5 cl d'huile d'olive et le pastis. Colorez pendant quelques secondes à la poêle les pavés de saumon égouttés dans l'huile d'olive chaude.

Détaillez quelques tranches fines dans le citron vert. Répartissez le fenouil dans les mini-cocottes. Ajoutez les pavés de saumon colorés. Versez par-dessus la marinade. Salez et poivrez. Décorez avec les rondelles de citron vert et les pluches d'aneth. Refermez les cocottes. Déposez-les dans un four préchauffé à 200 °C (th. 6-7). Laissez cuire pendant 15 minutes.

Cocottes de bar mariné et sa piperade

coût élevé • assez facile à réaliser • préparation : 35 min • réfrigération : 30 min • cuisson : 25 min • pour 4 personnes

4 mini-cocottes
1 petite cocotte
1 mixeur plongeant
1 poêle antiadhésive

4 petits filets de bar avec peau

12 cl d'huile d'olive

1 poivron rouge - 1 poivron vert

2 petits oignons

3 tomates

3 gousses d'ail

5 cl de vin blanc

1 cuil. à café de concentré de tomate

1 citron - piment d'Espelette

quelques feuilles de basilic

sel fin - poivre du moulin

1 Émincez les poivrons et les oignons en fines lanières. Hachez 2 gousses d'ail. Coupez en deux, épépinez et concassez au couteau les tomates. Dans une cocotte, faites chauffer 5 cl d'huile d'olive. Faites suer les oignons et les poivrons émincés. Ajoutez la tomate, l'ail, le vin blanc, le concentré de tomate, 2 feuilles de basilic haché, du sel fin et du piment d'Espelette. Laissez mijoter cette piperade pendant quelques minutes à couvert. Vérifiez la cuisson et l'assaisonnement.

2 Dans le bol d'un mixeur plongeant, versez 5 cl d'huile d'olive, 5 à 6 feuilles de basilic, 1 gousse d'ail et une pincée de sel et de poivre. Mixez jusqu'à l'obtention d'une huile de basilic bien verte. Coupez les filets de bar en deux et en biais. Arrosez-les d'un jus de citron et d'un peu d'huile de basilic. Laissez-les mariner pendant 30 minutes au frais.

3 Préchauffez le four à 200 °C (th. 6-7). Faites chauffer un peu d'huile d'olive dans une poêle. Colorez rapidement les morceaux de bar, côté peau. Salez et poivrez. Répartissez la piperade à mi-hauteur dans les mini-cocottes. Déposez par-dessus les filets de bar entrecroisés, côté peau au-dessus. Refermez les couvercles. Passez les mini-cocottes dans un four chaud pendant 10 minutes.

4 Versez, à la sortie du four, un petit trait d'huile de basilic sur les filets de bar. Décorez avec une feuille de basilic.

variante

Agrémentez la piperade de quelques dés de jambon de Bayonne.

truc de cuisinier

L'huile de basilic est parfaite en accompagnement de poissons grillés au barbecue ou à la plancha.

STAUB

Escalopes de saumon épicées

coût élevé • facile à réaliser • préparation : 30 min • repos : 30 min • cuisson : 8 min • pour 4 personnes

4 mini-cocottes rondes de 12 cm de diamètre

1 bol - 1 plaque à pâtisserie

1 râpe - 3 casseroles

4 pavés de saumon sans peau

4 carottes

1 courgette

2 cuil. à soupe d'huile d'olive - 1 citron

1 grosse pincée de cardamome moulue

1 grosse pincée de gingembre en poudre

1 cuil. à café de curry

1 cuil. à soupe de farine

30 g de beurre

5 cl de fumet de poisson

10 cl de crème liquide

10 cl de lait de coco non sucré

quelques feuilles de basilic

sel fin - fleur de sel

1 À l'aide d'une râpe ménagère, taillez les carottes et le vert de la courgette en julienne (fins filaments). Faites cuire la julienne de carotte pendant quelques minutes dans de l'eau bouillante et celle de courgette pendant quelques secondes. Égouttez-les et mélangez-les délicatement.

2 Mélangez dans un bol la cardamome, le gingembre, l'huile d'olive et le jus d'un demi-citron. Découpez les pavés de saumon en 3 tranches régulières. Badigeonnez-les avec la marinade épicée. Déposez les 12 tranches de saumon sur une plaque à pâtisserie recouverte d'un papier sulfurisé. Laissez-les reposer au frais pendant 30 minutes.

3 Dans une casserole, faites fondre 30 g de beurre. Ajoutez le curry et la farine. Laissez cuire ce roux pendant 15 secondes, versez le fumet, la crème, puis le lait de coco. Portez le tout à ébullition et laissez frémir quelques secondes. Rectifiez l'assaisonnement, puis ajoutez quelques gouttes de jus de citron.

4 Faites cuire les escalopes de saumon pendant 8 minutes dans un four préchauffé à 230 °C (th. 6-7). Salez avec de la fleur de sel. Répartissez les juliennes de légumes dans les mini-cocottes préalablement chauffées au four. Déposez 3 escalopes de saumon en les faisant se chevaucher au centre des cocottes. Versez la sauce au lait de coco autour. Décorez avec du basilic.

variante

Ajoutez quelques champignons de Paris émincés et sautés au beurre avec la julienne de légumes dans les mini-cocottes.

truc de cuisinier

Pensez à retirer les arêtes des filets de rouget avant de les cuire.

Cocottes de rouget sauté à l'étuvée de fenouil

coût élevé • assez facile à réaliser • préparation : 25 min • cuisson : 30 min • pour 4 personnes

4 mini-cocottes
1 petite cocotte
1 mixeur plongeant
1 poêle antiadhésive

4 filets de rouget
10 cl d'huile d'olive
300 g de fenouil
1 pincée d'anis vert
1 trait d'alcool anisé
1 gousse d'ail
12 tomates cerises
sel fin - fleur de sel - poivre du moulin

1 Lavez le fenouil, réservez les pluches pour le décor et l'huile parfumée. Supprimez les tiges vertes. Émincez finement le bulbe. Versez un peu d'huile d'olive et une pincée d'anis vert dans une cocotte. Faites suer le fenouil, puis ajoutez 10 cl d'eau. Laissez compoter pendant 20 minutes à feu doux et à couvert. Égouttez le fenouil à la fin de la cuisson et rectifiez l'assaisonnement.

2 Dans le bol d'un mixeur plongeant, versez 6 cl d'huile d'olive, 5 à 6 pluches de fenouil, 1 trait d'alcool anisé, 1 gousse d'ail et une pincée de sel et de poivre. Mixez jusqu'à l'obtention d'une huile bien verte et parfumée.

3 Coupez les filets de rouget en deux et en biais. Faites chauffer un peu d'huile d'olive dans une poêle. Roulez pendant quelques secondes les tomates cerises dans la graisse chaude. Retirez-les, puis colorez pendant 1 minute les filets de rouget des deux côtés. Répartissez l'étuvée de fenouil à mi-hauteur dans les mini-cocottes. Déposez par-dessus les filets de rouget, en les entrecroisant, côté peau au-dessus. Ajoutez les tomates cerises. Refermez les couvercles. Passez les mini-cocottes dans un four chaud pendant 6 à 7 minutes.

4 Versez, à la sortie du four, un petit trait d'huile d'olive parfumée sur les filets de rouget. Décorez avec une pluche de fenouil.

variante

Remplacez les tomates cerises par des quartiers de tomate.

truc de cuisinier

L'huile parfumée peut relever et accompagner beaucoup de poissons grillés, rôtis ou sautés.

Petites choucroutes aux trois poissons

coût moyen • assez facile à réaliser • préparation : 25 min • cuisson : 30 min • pour 4 personnes

4 mini-cocottes en fonte
1 saucière
2 casseroles
1 cuiseur vapeur

500 g de choucroute cuisinée
2 échalotes
15 cl de vin blanc sec
120 g de beurre
5 cl de crème liquide
1/2 citron
1 petit filet de haddock
1 pavé de saumon sans peau de 200 g
1 pavé de sandre de 200 g sans peau
4 pluches d'aneth
sel fin

1 Retirez la peau du filet de haddock, puis découpez-le en petits dés. Ciselez les échalotes. Dans une grande casserole, faites suer rapidement 20 g de beurre avec la moitié des échalotes, puis les dés de haddock. Ajoutez la choucroute et mélangez bien. Mouillez avec 10 cl de vin blanc. Portez le tout à ébullition. Laissez mijoter tout doucement, à couvert, pendant 20 minutes.

2 Dans une petite casserole, déposez le reste de l'échalote ciselée avec 5 cl de vin blanc. Laissez frémir doucement pendant 3 minutes. Ajoutez 100 g de beurre en grosses parcelles. Laissez fondre le beurre, puis ajoutez 5 cl de crème liquide et le jus d'un demi-citron. Salez et mixez ce beurre blanc à l'aide d'un petit mixeur plongeant.

3 Découpez le pavé de saumon en 4 rectangles identiques. Faites de même avec le pavé de sandre. Faite-les cuire pendant quelques minutes à la vapeur.

4 Égouttez la choucroute bien chaude. Répartissez-la dans les mini-cocottes. Refermez les cocottes et passez-les quelques minutes dans un four chaud. À la dernière minute, déposez un morceau de saumon et un morceau de sandre entrecroisés. Versez un cordon de beurre blanc sur les poissons et la choucroute, puis décorez avec l'aneth. Servez aussitôt avec le reste de beurre blanc en saucière.

variante

Relevez votre choucroute avec quelques graines de cumin et des baies de genièvre.

truc de cuisinier

Ajoutez un peu de fumet de poisson avec le vin blanc dans la choucroute.

Brandade de cabillaud tomatée

coût moyen • facile à réaliser • préparation : 30 min • cuisson : 35 min • pour 4 personnes

4 mini-cocottes de 12 cm de diamètre
1 poêle
1 grande casserole
1 moulin à légumes
1 petite cocotte

4 petits filets de cabillaud
5 cl d'huile d'olive
600 g de pommes de terre
15 cl de lait - 50 g de beurre
500 g de tomates pelées
1 échalote - 2 gousses d'ail
1 bouquet garni - quelques feuilles de basilic
1 pincée de sucre
quelques gouttes de Tabasco
sel - poivre - muscade moulue

1 Coupez les tomates pelées en quatre, épépinez-les, puis concassez-les au couteau. Hachez finement l'échalote et l'ail. Dans une petite cocotte, faites-les suer, à l'huile d'olive. Ajoutez les tomates concassées, puis le bouquet garni, la pincée de sucre et quelques gouttes de Tabasco. Laissez cuire pendant 25 minutes à feu doux. Retirez le bouquet garni et rectifiez l'assaisonnement de cette concassée de tomates. Réservez-la au chaud.

2 Épluchez les pommes de terre. Détaillez-les en quartiers et faites-les cuire 30 minutes dans une grande casserole d'eau, froide au départ. Passez les pommes de terre au moulin à légumes. Ajoutez le lait bouillant, 50 g de beurre en parcelles, puis quelques feuilles de basilic ciselées. Assaisonnez de sel et de muscade moulue. Répartissez cette purée à mi-hauteur dans les mini-cocottes. Fermez celles-ci, puis passez-les dans un four à 180 °C (th. 6-7) pendant quelques minutes.

3 Faites chauffer de l'huile d'olive dans une poêle. Déposez les filets de cabillaud dans la graisse chaude. Salez, poivrez, et faites-les cuire quelques minutes. Effeuillez très légèrement, à la fourchette, les filets de poisson encore chauds.

4 Complétez les mini-cocottes avec une couche de concassée de tomates, puis le cabillaud effeuillé. Décorez avec du basilic, un trait d'huile d'olive et un trait de concassée de tomates.

variante

Faites mariner les filets de cabillaud avec de l'huile d'olive, du jus de citron et une pincée de curry.

truc de cuisinier

Faites cuire le filet de cabillaud à la dernière minute et servez aussitot.

Mousseline de merlan aux gambas, sauce crustacés

coût élevé • assez facile à réaliser • préparation : 45 min • cuisson : 30 min • pour 4 personnes

4 mini-cocottes de 12 cm de diamètre - 4 petits verres hauts et étroits

1 cocotte - 1 tamis

1 robot mixeur - 1 poche à douille - 1 bain-marie

400 g de filet de merlan

2 blancs d'œufs

35 cl de crème liquide

12 gambas

1 c. à s. d'huile d'olive

1 c. à s. de concentré de tomate

1 c. à s. de cognac - 10 cl de vin blanc

1 oignon - 1 carotte

1 gousse d'ail

300 g de bisque de homard en conserve

1 petit bocal d'œufs de lump rouges

50 g de beurre fondu

quelques brins de ciboulette - sel fin

1 Décortiquez les gambas, réservez les queues. Dans une grande cocotte, faites revenir à l'huile d'olive les carapaces des gambas. Ajoutez l'oignon et la carotte finement émincés, puis le concentré de tomate. Laissez suer un peu. Flambez au cognac. Déglacez avec le vin blanc et laissez réduire de moitié. Ajoutez la bisque de homard, puis 10 cl de crème liquide. Portez à ébullition. Passez la sauce au tamis. Rectifiez l'assaisonnement et réservez au chaud.

2 Découpez la chair du merlan en gros dés. Déposez-la dans la cuve d'un robot mixeur avec les blancs d'œufs et une pincée de sel fin. Mixez bien le tout pendant 1 à 2 minutes. Ajoutez 25 cl de crème liquide. Mixez à nouveau. Incorporez les brins de ciboulette ciselés. Débarrassez cette farce mousseline dans une poche à douille. Réservez le tout au frais.

3 Préchauffez le four à 150 °C (th. 5). Beurrez, à l'aide d'un pinceau, 4 mini-cocottes. Garnissez-les à moitié avec la farce mousseline. Déposez 3 queues de gambas. Complétez avec la farce mousseline.

4 Déposez les mini-cocottes dans un bain-marie avec de l'eau bouillante aux trois quarts de la hauteur. Faites-les cuire pendant 25 à 30 minutes dans le four chaud. Lustrez la surface de la mousseline avec du beurre fondu. Versez un petit cordon de sauce dans les mini-cocottes. Décorez avec des brins de ciboulette et des œufs de lump rouges. Servez chaque mini-cocotte avec un petit verre de sauce.

variante

Incorporez un peu de bisque de homard dans la farce mousseline.

truc de cuisinier

Vérifiez la cuisson de la mousseline à l'aide de la lame d'un couteau : celle-ci doit ressortir propre.

Cocottes de volaille sautées façon barbecue

coût moyen • facile à réaliser • préparation : 20 min • repos : 1 h • cuisson : 20 min • pour 4 personnes

4 mini-cocottes rondes de 12 cm de diamètre

1 ravier - 1 bol - 1 plat - 1 poêle - 1 assiette

3 petites escalopes de volaille - 8 cl d'huile d'olive

5 cl de jus d'orange

1 c. à c. de paprika

1 c. à s. de miel liquide

1 oignon - 8 à 12 tomates cerises

1 petite courgette

quelques feuilles de basilic - sel fin

Sauce au fromage blanc :

150 g de fromage blanc

2 c. à s. de sauce mayonnaise - 1 c. à c. de moutarde

1 c. à s. de fines herbes hachées - sel fin - poivre du moulin

1 Détaillez les escalopes de volaille en petits cubes de 2 cm de côté et déposez-les dans un plat. Dans un bol, mélangez le miel liquide avec le jus d'orange, 5 cl d'huile d'olive et le paprika. Versez cette marinade sur les cubes de volaille. Laissez reposer au frais pendant 1 heure.

2 Dans un saladier, mélangez le fromage blanc avec la sauce mayonnaise, la moutarde, les fines herbes, le sel et le poivre. Débarrassez cette sauce, au frais, dans un ravier. Épluchez et émincez finement l'oignon. Détaillez la courgette en petits dés. Vérifiez les tomates cerises.

3 Dans une poêle, faites revenir à l'huile d'olive rapidement et séparément l'oignon émincé, les dés de courgette et les tomates cerises. Débarrassez ces légumes dans une assiette. Égouttez soigneusement les cubes de volaille. Faites-les revenir à l'huile d'olive pendant quelques minutes pour les cuire. Ajoutez l'oignon émincé et les dés de courgette, puis une bonne partie de la marinade. Prolongez la cuisson de 1 à 2 minutes en remuant délicatement.

4 Répartissez le tout dans 4 mini-cocottes et refermez les couvercles. Faites réchauffer pendant quelques minutes dans un four préchauffé à 210 °C (th. 7). Décorez avec les tomates cerises sautées à l'huile et les feuilles de basilic. Servez avec le ravier de sauce au fromage blanc.

variante

Ajoutez quelques fines lanières de poivron rouge ou vert avec les légumes sautés.

truc de cuisinier

Vous pouvez aussi servir les cocottes bien chaudes surmontées d'une quenelle de sauce au fromage blanc.

Émincé de canard à l'orange et patates douces

coût moyen • facile à réaliser • préparation : 20 min • cuisson : 35 min • pour 4 personnes

4 mini-cocottes rondes de 12 cm de diamètre
2 casseroles
1 poêle
1 saladier

2 magrets de canard
1 cuil. à soupe de miel
2 cuil. à soupe de vinaigre de vin
1 orange
1 trait de Cointreau
5 cl de jus d'orange
10 cl de fond brun de volaille lié
2 patates douces
1 pomme de terre
40 g de beurre
quelques feuilles de coriandre
sel - poivre

1 Lavez les patates douces et la pomme de terre. Faites-les cuire avec la peau pendant 30 minutes dans une casserole d'eau salée, froide au départ. Vérifiez la cuisson, puis épluchez les tubercules encore chauds. Débarrassez-les dans un saladier. Écrasez la pulpe à la fourchette. Ajoutez 30 g de beurre et une pincée de sel fin. Répartissez cette purée dans les mini-cocottes préalablement beurrées. Refermez les couvercles et passez les cocottes quelques minutes dans un four chaud avant de servir.

2 Dans une casserole, faites caraméliser le vinaigre de vin et le miel. Versez le jus d'orange, le Cointreau. Laissez réduire. Ajoutez le fond brun lié. Rectifiez l'assaisonnement. Pelez à vif l'orange et détaillez 4 jolis suprêmes.

3 Supprimez l'excès de graisse des magrets, puis quadrillez la peau. Faites chauffer une poêle sans matières grasses. Déposez les magrets de canard, peau contre la poêle. Laissez-les colorer pendant 5 minutes à feu doux. Salez et poivrez. Retournez-les et laissez-les cuire encore 3 minutes. Débarrassez les magrets dans une assiette, puis recouvrez-les d'une feuille de papier aluminium.

4 Au moment de servir, émincez finement les magrets. Déposez-les en rosace, dans les mini-cocottes, sur la purée de patates douces bien chaude. Ajoutez au centre le suprême d'orange. Versez un peu de sauce. Décorez avec la coriandre.

variante

Remplacez les suprêmes d'orange par des cubes de mangue.

truc de cuisinier

Les patates douces sont cuites avec la peau pour qu'elles ne se gorgent pas d'eau à la cuisson.

LA COCOTTE

Filet mignon de porc aux marrons

coût moyen • facile à réaliser • préparation : 25 min • cuisson : 20 min • pour 4 personnes

4 mini-cocottes en fonte de 12 cm de diamètre
1 ravier
1 poêle

- 1 filet mignon de porc
- 2 cuil. à soupe d'huile
- 80 g de beurre
- 1 gros oignon
- 1 cuil. à soupe de moutarde à l'ancienne
- 5 cl de vin blanc sec
- 5 cl de fond brun lié
- 10 cl de crème liquide
- 1 conserve de marrons au naturel
- 1 petite botte de ciboulette
- sel - poivre

1 Émincez finement l'oignon. Dégraissez partiellement le filet mignon de porc. Ciselez la ciboulette. Égouttez les marrons au naturel. Badigeonnez les mini-cocottes de beurre fondu.

2 Faites chauffer 1 cuillerée à soupe d'huile dans une poêle. Déposez l'oignon émincé dans la graisse chaude. Laissez-le cuire et colorer pendant 3 à 4 minutes en le retournant de temps en temps. Débarrassez-le dans un petit ravier. Dans la même poêle, faites chauffer l'huile restante et 20 g de beurre. Colorez le filet mignon sur toutes ses faces. Assaisonnez-le de sel et de poivre. Laissez-le cuire à feu doux pendant 8 à 10 minutes. Débarrassez-le dans un plat pendant 10 minutes, puis émincez-le en fines tranches.

3 Toujours dans la poêle de cuisson, faites réduire aux trois quarts le vin blanc sec, ajoutez le fond brun lié, puis la crème liquide. Portez le tout à ébullition. Laissez réduire un peu. Ajoutez quelques parcelles de beurre et la moutarde à l'ancienne. Rectifiez l'assaisonnement.

4 Préchauffez le four à 200 °C (th. 6-7). Répartissez quelques marrons dans les mini-cocottes. déposez 3 tranches de filet mignon. Ajoutez la sauce, puis l'oignon caramélisé et la ciboulette ciselée. Passez les mini-cocottes dans un four chaud pendant quelques minutes.

variante

Faites revenir les marrons au beurre avec de l'échalote et du persil haché avant de les déposer dans les mini-cocottes.

truc de cuisinier

Il faut laisser reposer le filet mignon après cuisson, dans un plat recouvert d'aluminium, pour le garder tendre et juteux. Récupérez le jus de cuisson qui s'écoule dans le plat et ajoutez-le à la sauce.

Cocottes d'aiguillettes de canard à la brésilienne

coût moyen • assez facile à réaliser • préparation : 25 min • cuisson : 10 min • pour 4 personnes

4 mini-cocottes rondes - 1 casserole - 1 poêle

600 g d'aiguillettes de canard - 2 c. à s. d'huile

3 oranges - 4 tranches d'ananas frais

2 c. à s. de vinaigre balsamique - 1 c. à s. de miel liquide

10 cl de fond brun de volaille ou de veau - 1 trait de Grand-Marnier

quelques feuilles de coriandre - sel fin

Découpez chaque tranche d'ananas en petits quartiers réguliers. Pelez à vif 2 oranges, prélevez des segments et coupez-les en deux. Pressez et filtrez le jus de la dernière orange. Détaillez les aiguillettes de canard en gros dés. Dans une casserole, faites caraméliser le vinaigre balsamique et le miel. Versez le jus d'orange, le Grand-Marnier, puis le fond brun. Laissez réduire un peu et rectifiez l'assaisonnement.

Dans une poêle, faites revenir pendant 2 à 3 minutes et à feu vif les dés de canard. Ajoutez les quartiers d'ananas. Mélangez en donnant un mouvement de rotation à la poêle. Ajoutez la sauce. Laissez frémir 1 minute. Répartissez le tout dans les mini-cocottes. Fermez les couvercles. Passez les mini-cocottes 5 minutes dans un four chaud à 200 °C (th. 6-7). Décorez, au dernier moment, avec les segments d'oranges et des feuilles de coriandre.

Sauté de bœuf à la mexicaine

coût moyen • facile à réaliser • préparation : 25 min • cuisson : 8 min • pour 4 personnes

4 mini-cocottes rondes

1 bol - 1 poêle ou 1 wok

350 g de pavé (rumsteck) de bœuf - 1 petit poivron rouge

1 échalote - 1 cm de gingembre

1 gousse d'ail - 2 c. à s. d'huile d'olive - 5 cl de vin blanc

1 c. à s. de cassonade - 1 c. à s. de sauce soja

2 c. à s. de cacahuètes salées

quelques feuille de coriandre

Râpez le gingembre frais. Hachez finement la gousse d'ail. Versez le tout dans un bol. Ajoutez le vin blanc, la cassonade et la sauce soja. Mélangez et réservez cette sauce. Coupez le poivron rouge en quatre, épépinez-le et émincez-le en fines lanières. Émincez aussi l'échalote. Hachez grossièrement quelques feuilles de coriandre. Concassez les cacahuètes grossièrement avec un couteau. Coupez le pavé de bœuf en lamelles.

Dans une poêle ou dans un wok, faites chauffer à feu vif de l'huile d'olive. Colorez vivement les morceaux de bœuf pendant 1 minute. Retirez-les. Dans la même poêle, faites revenir pendant quelques minutes les lanières de poivron et l'échalote. Ajoutez les lamelles de bœuf déjà colorées, puis versez la sauce. Laissez cuire pendant encore 1 minute en remuant. Répartissez le tout dans les mini-cocottes préchauffées au four. Ajoutez pour finir la coriandre hachée et les cacahuètes concassées.

Tajine d'agneau aux abricots secs et menthe fraîche

coût moyen • facile à réaliser • préparation : 25 min • cuisson : 55 min • pour 4 personnes

4 mini-cocottes rondes de 12 cm de diamètre
1 grande cocotte
1 poêle

800 g d'épaule d'agneau désossée
2 oignons - 1 tomate
1 gousse d'ail
2 cuil. à soupe d'huile d'olive
30 cl de bouillon de volaille
2 cuil. à soupe de miel
1 pincée de ras el-hanout
1 pincée de cumin en poudre
1 pincée de cannelle
50 g d'amandes effilées
quelques abricots secs
quelques feuilles de menthe
sel fin

1 Découpez l'épaule d'agneau en petits cubes réguliers. Émincez finement les oignons. Écrasez la gousse d'ail. Coupez la tomate en deux, retirez les pépins, puis concassez-la au couteau.

2 Dans une cocotte, faites chauffer l'huile d'olive. Colorez vivement les cubes d'agneau en deux fois. Retirez-les de la cocotte, puis faites revenir les oignons sans trop les colorer. Ajoutez de nouveau la viande, puis la tomate, la gousse d'ail, le miel, les épices, le sel et le bouillon de volaille à hauteur. Faites frémir le tout, puis fermez la cocotte avec son couvercle. Faites cuire dans un four préchauffé à 200 °C (th. 6-7) pendant 50 minutes.

3 Colorez les amandes, à sec, dans une poêle bien chaude. Ciselez finement les feuilles de menthe. Découpez les abricots secs en petits dés.

4 Vérifiez la cuisson et l'assaisonnement du tajine d'agneau. Répartissez-le dans les mini-cocottes. Parsemez de dés d'abricots secs, de menthe ciselée et d'amandes torréfiées.

variante

Ajoutez quelques dés de citron confit en fin de cuisson du tajine.

truc de cuisinier

Passez les mini-cocottes, quelques minutes, dans un four chaud avant de dresser les tajines.

Cocottes de boudin aux pommes

coût peu élevé • facile à réaliser • préparation : 35 min • cuisson : 25 min • pour 4 personnes

4 mini-cocottes rondes de 12 cm de diamètre
2 poêles
1 grande casserole
1 presse-purée
1 saladier

500 g de pommes de terre
5 cl de crème
80 g de beurre
2 boudins noirs
5 cl d'huile
1 pomme golden
30 g de cassonade
50 g de parmesan
muscade moulue
sel - poivre

1 Épluchez les pommes de terre. Faites-les cuire 30 minutes dans un grand volume d'eau salée. Égouttez-les. Passez-les au presse-purée. Ajoutez la crème, 50 g de beurre, du sel et de la muscade. Réservez la purée.

2 Faites revenir, pendant quelques minutes, les boudins dans une poêle avec un peu d'huile bien chaude. Fendez les boudins directement dans la poêle, puis retirez la peau et écrasez-les avec une fourchette.

3 Épluchez la pomme. Détaillez 8 quartiers réguliers. Faites chauffer 20 g de beurre dans une poêle. Colorez les quartiers de pomme, puis saupoudrez-les de cassonade.

4 Beurrez les mini-cocottes. Déposez 2 quartiers caramélisés de pommes par cocotte, puis le boudin écrasé, et enfin complétez avec la purée. Saupoudrez de parmesan et laissez gratiner dans un four préchauffé à 200 °C (th. 6-7) pendant 10 à 15 minutes.

variante

Ajoutez un peu de cannelle et des raisins secs avec les pommes caramélisées.

truc de cuisinier

Complétez les cocottes presque à ras bord avec la purée.

Parmentier de confit de canard

coût moyen • facile à réaliser • préparation : 20 min • cuisson : 20 min • pour 4 personnes

4 mini-cocottes
4 petites assiettes
1 poêle - 1 casserole
1 moulin à légumes
1 saladier

4 cuisses de confit de canard

600 g de pommes de terre

10 cl de lait - 30 g de beurre

80 g de gruyère râpé

muscade râpée

4 grosses poignées de roquette - 1 c. à s. de vinaigre balsamique blanc

3 c. à s. d'huile d'olive

1 trait de sauce soja

1 c. à c. de moutarde

2 c. à s. de persil haché

sel fin - poivre du moulin

1 Retirez les os, la peau et la graisse du confit pour ne conserver que la chair. Effeuillez-la grossièrement à l'aide d'une fourchette. Faites revenir cette chair pendant quelques minutes, dans une poêle, avec un peu de graisse de canard pour la rendre plus croustillante. Ajoutez un peu de persil haché.

2 Épluchez soigneusement les pommes de terre. Faites-les cuire à la vapeur ou à la Cocotte-minute, 25 à 30 minutes. Passez-les au moulin à légumes. Ajoutez le lait bien chaud, le beurre en parcelles, de la muscade et du sel fin. Mélangez bien cette purée qui doit rester assez ferme.

3 Préchauffez le four à 200 °C (th. 6-7). Répartissez le confit de canard dans 4 mini-cocottes sans dépasser un tiers de la hauteur. Complétez avec la purée. Répartissez le gruyère râpé. Laissez cuire et gratiner dans le four chaud pendant 15 à 20 minutes.

4 Préparez une vinaigrette avec le vinaigre balsamique, l'huile d'olive, un trait de sauce soja et un peu de moutarde. Assaisonnez la roquette dans un saladier, puis répartissez-la dans 4 petites assiettes. Servez les cocottes de parmentier bien chaudes et gratinées, avec l'assiette de roquette.

variante

Faites revenir quelques cèpes émincés avec le confit de canard.

truc de cuisinier

Chauffez le confit quelques secondes au micro-ondes pour retirer plus facilement la peau, les os et la graisse.

Écrasée de pommes de terre, foie de lapin sauté et roquette balsamique

coût moyen • facile à réaliser • préparation : 20 min • cuisson : 25 min • pour 4 personnes

4 mini-cocottes rondes de 12 cm de diamètre

1 casserole

1 poêle

4 pommes de terre de type charlotte

4 foies de lapin

4 tomates cerises

4 poignées de roquette

15 cl d'huile d'olive

1 cuil. à soupe de vinaigre balsamique

quelques feuilles de basilic

sel fin - poivre du moulin

1 Lavez les pommes de terre avec la peau. Faites-les cuire à la vapeur ou à la Cocotte-minute. Épluchez les pommes de terre cuites encore chaudes. Écrasez-les grossièrement à l'aide d'une fourchette. Incorporez l'équivalent de 1 ou 2 cuillerées à soupe d'huile d'olive. Terminez cette écrasée de pommes de terre avec quelques feuilles de basilic haché et du sel fin.

2 Répartissez l'écrasée, à mi-hauteur, dans les cocottes légèrement huilées. Refermez-les et passez-les quelques minutes dans un four chaud.

3 Découpez les foies de lapin en 3 ou 4 morceaux. Faites chauffer un peu d'huile d'olive dans une poêle. Colorez vivement et rapidement les morceaux de foie pendant quelques minutes, gardez-les rosés à cœur. Dans la même poêle faites rouler pendant quelques instants les tomates cerises. Assaisonnez de sel fin et de poivre du moulin.

4 Déposez les morceaux de foie de lapin et les tomates cerises dans les 4 mini-cocottes bien chaudes. Ajoutez une poignée de feuilles de roquette. Versez un filet de vinaigre balsamique et un trait d'huile d'olive. Servez aussitôt.

variante

Ajoutez une échalote finement émincée lorsque vous colorez les foies de lapin.

truc de cuisinier

Déglacez la poêle de cuisson des foies de lapin avec le vinaigre balsamique. Faites frémir, puis nappez les foies de cette sauce.

STAUB
STAUB

Gratins moelleux de pommes de terre et lardons au reblochon

coût peu élevé • facile à réaliser • préparation : 15 min • cuisson : 30 min • pour 4 personnes

4 mini-cocottes de 12 cm de diamètre - 1 saladier - 1 bol

4 à 5 pommes de terre de type charlotte

2 gousses d'ail - 1/2 oignon

100 g de poitrine fumée

20 cl de crème - 10 cl de lait

20 g de beurre

8 fines tranches de reblochon

2 c. à s. de vin blanc

sel fin - muscade râpée

Préchauffez le four à 170 °C (th. 5-6). Badigeonnez les 4 mini-cocottes avec 20 g de beurre fondu. Épluchez, lavez, puis râpez très finement les pommes de terre. Taillez la poitrine fumée en lardons allumettes. Hachez l'ail. Émincez le demi-oignon.

Mélangez dans un saladier les tranches de pommes de terre avec l'ail, l'oignon et la muscade, puis garnissez-en les 4 mini-cocottes. Mélangez dans un bol le vin blanc avec la crème, le lait et du sel fin. Complétez les mini-cocottes à mi-hauteur avec cette crème. Terminez les gratins avec les lardons allumettes et 2 tranches de reblochon. Faites cuire pendant 30 minutes dans le four. Piquez avec la pointe d'un couteau pour vérifier la cuisson.

Embeurré d'endives et jambon au munster

coût peu élevé • facile à réaliser • préparation : 15 min • cuisson : 30 min • pour 4 personnes

4 mini-cocottes rondes de 12 cm de diamètre

1 casserole

3 à 4 petites endives (500 g)

30 g de beurre

5 cl de crème liquide

2 tranches de jambon blanc - 1 petit munster fermier

cumin - sel fin

Nettoyez les endives avec un torchon humide. Retirez le cœur avec la pointe d'un couteau. Émincez-les finement dans le sens de la longueur. Dans une casserole ou une cocotte, faites fondre 30 g de beurre. Ajoutez les endives émincées dans la graisse chaude. Faites-les revenir rapidement, puis ajoutez un peu d'eau, du cumin et du sel fin. Laissez cuire doucement à couvert pendant 20 à 25 minutes. Remuez de temps en temps. Ajoutez la crème liquide en fin de cuisson. Laissez réduire de moitié. Rectifiez l'assaisonnement de cet embeurré d'endives. Préchauffez le four à 210 °C (th. 7). Découpez le petit munster fermier en 4 disques réguliers. Émincez les tranches de jambon blanc en grosses lanières, puis répartissez-les dans les mini-cocottes. Complétez à hauteur avec l'embeurré d'endives bien égoutté, puis déposez le disque de munster. Faites gratiner dans le four chaud pendant quelques minutes.

Gratins provençaux à la mozzarella

coût peu élevé • facile à réaliser • préparation : 15 min • cuisson : 35 min • pour 4 personnes

4 mini-cocottes
1 planche

4 petites pommes de terre de type charlotte
1/2 courgette
2 petites tomates
1 boule de mozzarella
2 gousses d'ail
1/2 oignon
4 traits d'huile d'olive
quelques feuilles de basilic
sel - poivre

Préchauffez le four à 180 °C (th. 6). Hachez finement l'ail. Ciselez les feuilles de basilic. Coupez la mozzarella en quatre. Émincez finement les pommes de terre, les tomates, la courgette et l'oignon.

Badigeonnez les mini-cocottes avec un peu d'huile d'olive. Répartissez les légumes par couches en commençant par les pommes de terre, puis en ajoutant l'oignon, la courgette, et enfin la tomate. Assaisonnez de sel, de poivre, d'ail haché et de basilic. Tassez bien le tout. Terminez le montage par une tranche de mozzarella, puis un trait d'huile d'olive.

Laissez cuire dans le four pendant 30 à 35 minutes. Décorez à la dernière minute d'une petite feuille de basilic.

Julienne de légumes gratinée

coût peu élevé • facile à réaliser • préparation : 15 min • cuisson : 30 min • pour 4 personnes

4 mini-cocottes rondes de 12 cm de diamètre
1 saladier - 1 râpe

1/2 courgette
4 petites pommes de terre
1 oignon - 1 gousse d'ail
15 cl de crème liquide
1 boule de mozzarella
5 cl d'huile d'olive
1 pincée d'origan
muscade râpée - sel fin

Préchauffez le four à 190 °C (th. 6-7). Épluchez les pommes de terre, l'ail et l'oignon. Lavez les légumes. Conservez bien la peau de la courgette. Hachez l'ail. À l'aide d'une râpe ou d'un robot ménager, râpez en julienne (fins filaments) les pommes de terre, l'oignon et la courgette.

Débarrassez les légumes râpés dans un saladier, ajoutez l'huile d'olive, l'ail, le sel, la muscade et l'origan. Mélangez bien.

Répartissez le tout dans les mini-cocottes. Versez la crème sans dépasser un tiers de la hauteur. Déposez une tranche de mozzarella. Faites cuire pendant 25 à 30 minutes dans le four.

STAUB
STAUB

Symphonie printanière de légumes croquants

coût moyen • assez facile à réaliser • préparation : 30 min • cuisson : 35 min • pour 4 personnes

4 mini-cocottes
2 grandes casseroles
1 cocotte
1 passoire

3 carottes
100 g de haricots verts
1 botte de radis roses
1 petit brocoli
200 g de pommes de terre rattes
2 échalotes
quelques brins de ciboulette
1 petit bouquet de persil plat
1 cuil. à soupe d'huile d'olive
30 g de beurre salé
sel

1 Épluchez les carottes. Fendez-les en deux, puis coupez-les en tronçons de 4 cm de long. Équeutez les haricots verts, puis découpez-les en deux. Coupez les fanes des radis à 1 cm, supprimez la racine. Découpez le brocoli en petits bouquets. Lavez les pommes de terre rattes, gardez la peau et coupez-les en deux.

2 Faites frémir de l'eau salée dans une grande casserole. Plongez séparément les haricots verts, les carottes, les radis et les brocolis dans cette eau bouillante pendant 4 à 6 minutes pour les cuire tout en les gardant croquants. Rafraîchissez-les, puis égouttez-les. Faites cuire les pommes de terre à la vapeur.

3 Ciselez finement les brins de ciboulette. Hachez les échalotes et le persil plat. Dans une cocotte, versez un filet d'huile d'olive et 30 g de beurre salé. Faites suer les échalotes hachées dans cette matière grasse chaude. Ajoutez tous les légumes. Faites-les revenir à feu doux, délicatement, pendant 3 à 4 minutes pour terminer la cuisson. Vérifiez l'assaisonnement.

4 Répartissez tous ces légumes dans les mini-cocottes. Fermez les couvercles. Passez les mini-cocottes quelques minutes dans un four chaud. Parsemez de ciboulette et de persil plat. Servez immédiatement.

variante

Ajoutez quelques pointes d'asperges avec les autres légumes.

truc de cuisinier

Il est très important que tous ces légumes aient la même taille ou le même calibre.

Symphonie estivale de légumes sautés

coût moyen • assez facile à réaliser • préparation : 30 min • cuisson : 35 min • pour 4 personnes

4 mini-cocottes
1 grande poêle
1 ramequin
1 mixeur plongeant

2 courgettes
4 petites tomates grappe
1 petite aubergine
1/4 de poivron rouge
1/4 de poivron jaune
4 gousses d'ail
quelques feuilles de basilic
10 cl d'huile d'olive
fleur de thym
sel - poivre

1 Lavez tous les légumes. Fendez les courgettes avec la peau en quatre. Coupez-les en morceaux de 4 cm de long. Découpez les tomates en 6 ou 8 quartiers. Détaillez l'aubergine comme les courgettes. Émincez les poivrons en lanières de 4 cm de long sur 1 cm de large. Épluchez 3 gousses d'ail, supprimez le germe et émincez-les en copeaux.

2 Dans une grande poêle, faites revenir à l'huile d'olive, à la limite de la coloration, l'ail émincé. Débarrassez-le dans un ramequin. Faites revenir séparément pendant 5 à 6 minutes, toujours à l'huile d'olive, les quartiers de courgettes, de tomates, d'aubergine, et les lanières de poivrons. Les légumes doivent être colorés.

3 Mixez, à l'aide d'un petit mixeur plongeant, 5 cl d'huile d'olive avec 1 gousse d'ail et 5 feuilles de basilic. Rassemblez, de nouveau, dans la grande poêle tous ces légumes précuits avec l'huile parfumée et les copeaux d'ail. Faites-les revenir ensemble et rapidement pendant quelques minutes. Assaisonnez de sel, de poivre, de fleur de thym.

4 Répartissez les légumes dans les mini-cocottes. Fermez les couvercles. Passez les mini-cocottes quelques minutes dans un four chaud. Parsemez de basilic grossièrement ciselé. Servez immédiatement.

variante

Ajoutez quelques haricots mange-tout coupés en deux et précuits à la vapeur.

truc de cuisinier

Il est très important que les légumes aient la même taille ou le même calibre.

Gâteaux de chou-fleur au cantal

coût peu élevé • facile à réaliser • préparation : 15 min • cuisson : 30 min • pour 6 personnes

6 mini-cocottes
2 casseroles

1 petit chou-fleur
1/2 l de lait
50 g de beurre
30 g de farine
1 jaune d'œuf
100 g de cantal râpé
1 cuil. à soupe de moutarde à l'ancienne
2 cuil. à soupe de crème fraîche épaisse
muscade râpée - sel

Préchauffez le four à 200 °C (th. 6-7). Badigeonnez les 6 mini-cocottes avec 20 g de beurre fondu. Faites chauffer de l'eau salée dans une grande casserole. Découpez le chou-fleur en petits bouquets. Faites-les cuire dans l'eau bouillante pendant 10 minutes de façon à les garder fermes. Égouttez-les, puis répartissez-les dans les mini-cocottes.

Dans une petite casserole, faites fondre 30 g de beurre. Ajoutez 30 g de farine et laissez cuire pendant 30 secondes. Versez un demi-litre de lait sur ce roux. Portez le tout à ébullition en fouettant régulièrement. Hors du feu, ajoutez le jaune d'œuf, la moitié du cantal râpé, la moutarde à l'ancienne, la crème épaisse, du sel fin et une bonne pincée de muscade râpée. Mélangez bien, puis répartissez cette sauce dans les mini-cocottes.

Faites-les cuire et gratiner au four pendant 20 minutes.

Embeurré de chou vert aux petits lardons

coût peu élevé • facile à réaliser • préparation : 10 min • cuisson : 30 min • pour 6 personnes

6 mini-cocottes
1 grande cocotte

1 petit chou vert
1 oignon
30 g de beurre
8 cl de bouillon de volaille
5 cl de crème liquide
2 tranches de poitrine fumée
sel fin - poivre du moulin

Supprimez le trognon, puis découpez le chou vert en 4 morceaux. Émincez-les finement à l'aide d'un couteau. Taillez les tranches de poitrine fumée en petits lardons. Émincez l'oignon.

Dans une grande cocotte, faites fondre 30 g de beurre, puis colorez très rapidement les lardons. Ajoutez l'oignon et le chou émincé, puis faites-les suer dans la matière grasse chaude avec les lardons. Versez le bouillon de volaille et assaisonnez de poivre du moulin. Laissez cuire doucement, à couvert, pendant 25 minutes. Remuez de temps en temps.

Versez la crème liquide à la fin de la cuisson et laissez réduire de moitié. Rectifiez l'assaisonnement de l'embeurré de chou vert. Répartissez-le dans les mini-cocottes. Passez-les quelques minutes dans un four chaud juste avant de servir.

Gratins de coquillettes au saumon fumé

coût peu élevé • très facile à réaliser • préparation : 10 min • cuisson : 20 min • pour 4 personnes

4 mini-cocottes
1 casserole - 1 saladier

300 g de coquillettes cuites
1 c. à s. d'huile d'olive
1 tranche de saumon fumé - 1 pincée d'origan
20 g de beurre
20 g de farine - 15 cl de lait
15 cl de crème liquide
100 g de gruyère râpé
sel fin - muscade moulue

Préchauffez le four à 200 °C (th. 6-7). Dans un saladier, mélangez les coquillettes cuites avec l'huile d'olive, une pincée d'origan et une tranche de saumon fumé roulée et émincée finement. Répartissez le tout, aux trois quarts de la hauteur, dans les mini-cocottes.

Faites fondre le beurre dans une casserole, ajoutez la farine et mélangez bien ce roux. Versez le lait froid et la crème liquide dans le roux. Portez le tout à ébullition. Ajoutez 50 g de gruyère râpé, du sel et de la muscade. Répartissez cette sauce chaude et fluide sur les coquillettes. Parsemez-les du reste de gruyère. Faites cuire et gratiner pendant environ 20 minutes dans le four.

Mini-cocottes de risotto aux pointes d'asperges vertes

coût élevé • facile à réaliser • préparation : 15 min • cuisson : 20 min • pour 6 personnes

6 mini-cocottes
2 casseroles

320 g de riz rond « arborio »
40 g de beurre - 1 oignon
1 verre de vin blanc sec
1 l de bouillon de volaille
3 c. à s. de mascarpone
1 petite botte d'asperges vertes
30 g de parmesan
4 pluches de cerfeuil
sel - poivre

Dans une casserole, faites suer l'oignon finement ciselé dans le beurre. Ajoutez le riz. Laissez cuire, à feu doux, pendant 1 minute jusqu'à ce qu'il devienne transparent. Versez le vin dans le riz et laissez-le s'évaporer. Ajoutez une louche de bouillon de volaille bouillant, remuez avec une spatule jusqu'à évaporation du liquide. Continuez de verser le bouillon petit à petit et laissez cuire, en remuant de temps en temps, pendant 20 minutes. Vérifiez la cuisson du riz. Réservez-le au chaud et à couvert.

Épluchez les asperges vertes si nécessaire et coupez la base de la tige. Plongez-les quelques minutes dans de l'eau bouillante salée. Gardez-les légèrement croquantes. Rafraîchissez-les. Émincez-les en morceaux réguliers, gardez les pointes pour le décor. Terminez le risotto en ajoutant les morceaux d'asperges et le mascarpone. Rectifiez l'assaisonnement. Dressez le risotto bien chaud dans 6 mini-cocottes. Répartissez par-dessus les pointes d'asperges et les copeaux de parmesan. Décorez avec des pluches de cerfeuil.

Clafoutis aux mirabelles

coût moyen • facile à réaliser • préparation : 25 min • cuisson : 35 min • pour 4 personnes

4 mini-cocottes en fonte de 12 cm de diamètre
1 saladier
1 fouet électrique
1 passoire fine

400 g de mirabelles fraîches
20 g de beurre
1 œuf
1 jaune d'œuf
2 cuil. à soupe de sucre
3 cuil. à soupe de farine
5 cl de lait
10 cl de crème liquide
1 trait d'eau-de-vie de mirabelle
1 pincée de cannelle
20 g de sucre glace

1 Préchauffez le four à 200 °C (th. 6-7). Badigeonnez les mini-cocottes avec du beurre fondu. Lavez les mirabelles. Coupez-les en deux et éliminez le noyau. Rangez-les droites et serrées en corolle dans les mini-cocottes.

2 Fouettez dans un saladier, à l'aide d'un fouet électrique, un œuf entier et un jaune avec le sucre en poudre, puis la farine et la cannelle. Mélangez, puis versez le lait, la crème liquide et enfin l'eau-de-vie de mirabelle. Fouettez et passez ce flan dans une passoire fine.

3 Répartissez le flan dans les mini-cocottes sans dépasser les deux tiers de la hauteur.

4 Déposez les mini-cocottes dans le four bien chaud. Laissez-les cuire pendant 30 à 35 minutes. Sortez-les du four et laissez-les tiédir quelques minutes. Saupoudrez de sucre glace et servez aussitôt.

variante

Les mirabelles congelées conviennent parfaitement à cette recette, il suffit de les faire préalablement décongeler sur un papier absorbant.

truc de cuisinier

Ce dessert se sert idéalement tiède, mais vous pouvez aussi le déguster froid.

STAUB
LA COCOTTE

Pommes rôties aux fruits secs, sauce caramel épicé

coût peu élevé • assez facile à réaliser • préparation : 20 min • cuisson : 30 min • pour 4 personnes

4 mini-cocottes
1 casserole - 1 bol

4 pommes de type reinette

1 c. à s. de raisins secs

1 c. à s. de pistaches concassées - 1 c. à s. d'amandes concassées

2 abricots secs

2 c. à s. de miel liquide

30 g de beurre

<u>Sauce caramel épicé :</u>

100 g de sucre - 2 c. à s. d'eau

6 cl de crème liquide

1 pincée de gingembre moulu - 1 pincée de cannelle - 1 pincée de cardamome

1 Versez 100 g de sucre et 2 cuillerées à soupe d'eau froide dans une casserole. Portez le sucre à ébullition et laissez-le frémir quelques minutes. Dès que le mélange commence à caraméliser, retirez-le du feu. Ajoutez 6 cl de crème liquide tempérée. Fouettez et faites bouillir à nouveau. Ajoutez les épices. Laissez bien refroidir. Liquéfiez la sauce caramel avec un peu d'eau tiède si nécessaire.

2 Préchauffez le four à 180 °C (th. 6). Découpez les abricots secs en petits dés réguliers. Mélangez-les dans un bol avec le miel liquide, les raisins secs, les pistaches et les amandes concassées.

3 Lavez les pommes et coupez-les aux trois quarts de la hauteur, réservez les chapeaux. Évidez soigneusement les pommes à l'aide de la pointe d'un couteau. Garnissez les cavités avec les fruits secs en débordant légèrement. Reposez le chapeau des pommes par-dessus.

4 Beurrez grassement les mini-cocottes. Déposez une pomme farcie dans chacune d'elle. Faites-les cuire dans le four pendant 25 à 30 minutes. Laissez-les tiédir. Ajoutez un cordon de caramel épicé au fond des cocottes et quelques traits sur les pommes.

variante

Agrémentez les fruits secs de noix, noisettes, pignons de pin....

truc de cuisinier

Surveillez bien la cuisson des pommes : quand la peau se déchire et que la chair mousse, la pomme est cuite.

Cocottes de moelleux au chocolat au cœur coulant

coût peu élevé • facile à réaliser • préparation : 10 min • cuisson : 10 min • pour 4 personnes

4 mini-cocottes
1 saladier - 1 bain-marie
1 fouet électrique

100 g de chocolat noir
120 g de beurre
90 g de sucre
3 œufs
50 g de farine

Préchauffez le four à 200 °C (th. 6-7). Badigeonnez les 4 mini-cocottes avec 20 g de beurre fondu, puis saupoudrez-les de farine. Cassez le chocolat noir en petits morceaux. Faites-le fondre au bain-marie avec 100 g de beurre.

Dans un saladier, fouettez pendant 5 minutes, à l'aide d'un fouet électrique, le sucre avec les œufs. Incorporez-y délicatement le chocolat et le beurre fondus, puis la farine restante en pluie. Fouettez légèrement. Répartissez le tout, à mi-hauteur, dans les mini-cocottes. Faites cuire dans le four chaud pendant 10 minutes. Servez tiède.

Crèmes brûlées à la pistache et framboises

coût moyen • facile à réaliser • préparation : 10 min • cuisson : 50 min • pour 4 personnes

4 mini-cocottes
1 casserole - 1 saladier
1 chalumeau

40 cl de crème liquide
50 g de sucre
4 jaunes d'œufs
2 cuil. à soupe de pâte à pistache
1 petite barquette de framboises
quelques pistaches concassées
sucre glace - cassonade

Faites frémir la crème liquide dans une casserole. Dans un saladier, blanchissez les jaunes d'œufs avec le sucre, puis ajoutez la pâte à pistache. Versez la crème bien chaude par-dessus. Mélangez, puis répartissez le tout dans 4 mini-cocottes. Laissez cuire les cocottes sans couvercle pendant 50 minutes dans un four préchauffé à 100 °C (th. 3-4). Laissez bien refroidir.

Saupoudrez les crèmes brûlées refroidies de cassonade. Caramélisez-les à l'aide d'un chalumeau. Décorez avec quelques framboises, du sucre glace et des pistaches concassées.

STAUB
STAUB
STAUB
STAUB

Cheesecakes au citron et coulis de framboises

coût peu élevé • assez facile à réaliser • préparation : 25 min • cuisson : 30 min • pour 4 personnes

4 mini-cocottes de 10 cm de diamètre
1 petite cruche
1 casserole - 1 saladier
1 fouet électrique
1 robot mixeur

100 g de biscuits *shortbread*
60 g de beurre
30 g de cassonade
1/2 sachet de sucre vanillé
2 œufs - 80 g de sucre
20 g de farine
8 petits-suisses
vanille liquide
1 citron - 1 citron vert
20 cl de coulis de framboises ou de fruits rouges

1 Préchauffez le four à 150 °C (th. 5). Mixez les biscuits *shortbread* à l'aide d'un robot ménager ou écrasez-les dans un sac avec un rouleau à pâtisserie. Faites fondre dans une petite casserole 60 g de beurre. Badigeonnez les mini-cocottes avec un peu de ce beurre fondu.

2 Mélangez directement la poudre de biscuits dans la casserole avec le beurre fondu. Ajoutez 30 g de cassonade et un demi-sachet de sucre vanillé. Mélangez bien. Avec une petite cuillère, répartissez cette pâte friable, sur 5 mm d'épaisseur, au fond des mini-cocottes. Réservez-les au réfrigérateur.

3 Dans un saladier, fouettez à l'aide d'un fouet électrique les 2 œufs entiers avec 80 g de sucre pendant 1 minute. Ajoutez 20 g de farine, puis incorporez 8 petits-suisses. Fouettez de nouveau. Aromatisez avec un peu de vanille liquide et le zeste très fin d'un citron entier. Répartissez le tout, à hauteur, dans les mini-cocottes.

4 Faites cuire dans le four pendant 30 minutes. Laissez bien refroidir et décorez avec une fine tranche de citron vert. Servez les cheesecakes accompagnés d'une petite cruche de coulis de framboises.

variante

Remplacez les biscuits *shortbread* par des spéculoos.

truc de cuisinier

Ne tassez pas trop la pâte au fond des mini-cocottes pour la conserver bien friable à la dégustation.

Cocottes de pêches meringuées au cœur glacé

coût peu élevé • facile à réaliser • préparation : 20 min • cuisson : 20 min • pour 4 personnes

4 mini-cocottes rondes
1 saladier
1 batteur ou 1 fouet électrique
1 poche à douille cannelée
1 chalumeau

2 pêches blanches
4 cuil. à café de sirop d'érable
40 g de beurre
1 cuil. à soupe de rhum
2 blancs d'œufs
100 g de sucre
1/2 citron
4 boules de glace coco

1 Coupez les pêches en deux. Retirez le noyau. Supprimez éventuellement la peau. Beurrez grassement 4 mini-cocottes. Déposez les 4 demi-pêches, partie creuse vers le haut. Arrosez de sirop d'érable, puis de rhum. Ajoutez par-dessus une noix de beurre.

2 Faites cuire les pêches, sans couvercle, pendant 20 minutes dans un four préchauffé à 180 °C (th. 6). Laissez-les refroidir à température ambiante.

3 Déposez les blancs d'œufs et un filet de jus de citron dans la cuve d'un batteur électrique. Montez-les en neige. Incorporez 100 g de sucre en une seule fois. Fouettez de nouveau pendant 2 à 3 minutes de manière à obtenir une meringue française. Débarrassez cette meringue dans une poche à douille cannelée. Déposez une boule de glace au centre de chaque pêche rôtie. Recouvrez-les de meringue.

4 Colorez la meringue à l'aide d'un chalumeau ou sous le gril du four. Servez immédiatement.

variante

Versez un coulis de fruits exotiques autour des pêches rôties.

truc de cuisinier

N'hésitez pas à ajouter quelques gouttes de citron dans les blancs en neige : ils seront plus lisses et plus blancs.

Gratins épicés de fruits du verger

coût peu élevé • assez facile à réaliser • préparation : 25 min • cuisson : 5 min • pour 4 personnes

4 mini-cocottes
1 saladier - 1 bain-marie - 1 chalumeau

1 poire - 1 pomme - 2 abricots
quelques framboises

Sabayon :
4 jaunes d'œufs
80 g de sucre
1 c. à c. de vanille liquide
10 cl de vin blanc
1 pincée de cardamome
1 pincée de cannelle

Épluchez la poire et la pomme. Découpez-les en petits cubes. Émincez 4 demi-abricots. Lavez les framboises si nécessaire. Répartissez harmonieusement les fruits découpés dans les mini-cocottes.

Dans un saladier, fouettez les jaunes d'œufs avec le sucre, l'extrait de vanille, la cannelle et la cardamome. Déposez ensuite le saladier dans un bain-marie chaud ou sur feu doux. Fouettez de nouveau en incorporant petit à petit le vin blanc. Continuez de fouetter, pendant au moins 5 minutes, jusqu'à l'obtention d'un sabayon consistant et onctueux.

Répartissez ce sabayon, à mi-hauteur, sur les fruits. Faites colorer sous le gril du four pendant quelques minutes ou utilisez un chalumeau. Servez aussitôt.

Sabayon crémeux de fraises au basilic

coût peu élevé • assez facile à réaliser • préparation : 25 min • cuisson : 5 min • pour 4 personnes

4 mini-cocottes
1 saladier - 1 bain-marie - 1 chalumeau

400 g de fraises
quelques feuilles de basilic

Sabayon crémeux :
4 jaunes d'œufs
80 g de sucre
10 cl de vin blanc
5 cl de crème liquide

Lavez, égouttez et équeutez les fraises. Déposez-les entières ou coupées en deux, les unes à côté des autres, tête en haut, dans les mini-cocottes. Ajoutez sur les fraises quelques feuilles de basilic finement ciselées.

Dans un saladier, fouettez 4 jaunes d'œufs avec 80 g de sucre. Déposez ensuite le saladier dans un bain-marie bien chaud ou sur feu doux. Fouettez en incorporant petit à petit le vin blanc. Continuez de fouetter, pendant au moins 5 minutes, jusqu'à l'obtention d'un sabayon consistant et onctueux. Montez la crème liquide en chantilly, puis incorporez-la délicatement dans le sabayon.

Répartissez ce sabayon sur les fraises en les laissant dépasser un peu.
Faites colorer sous le gril du four pendant quelques minutes ou utilisez un chalumeau. Servez aussitôt.

STAUB

Index

Les œufs et les entrées

Les poissons et fruits de mer

Les viandes et volailles

Infos mesures

	1 cuil. à café rase	1 cuil. à soupe rase
Mesures canadiennes	1 teaspoon (tsp)	1 tablespoon (TBSP) - ½ oz
Farine	5 g	15 g
Sucre	6 g	20 g
Liqueur	0,5 cl ou un trait	1,5 cl
Fécule	5 g	15 g
Vin / eau	0,5 cl	1,5 cl

Collection Toquades de First

Pour tous les toqués de cuisine !

Mamma miam !
Christian Cino
Mange ta soupe !
Frédéric Berqué
Mes p'tits biscuits
Julie Schwob
Mille et une pâtes
Christian Cino
Mini-brochettes
Mini-cocottes & Co
Frédéric Berqué
Mini-vapeur
Christian Cino
Mini verres, maxi délices !
Frédéric Berqué
Mon p'tit bistrot
Valérie Duclos
Oh mon gâteau !
Florent Margaillan
Papillote surprise
Frédéric Berqué
Petites crèmes
et tiramisus !
Prenez-en
de la graine !
Valérie Duclos
Raconte-moi
des salades !
Caroline Wietzel
Recettes pour bébé
Slunch
So crumble !
Julie Schwob
Soirée mousse
Frédéric Berqué
Soupes !
Sublimes terrines
Sur un air de cappuccino
Sushi & sa chimie
Sushi Shop
Tatins renversantes
Thierry Roussillon
Tronche de cake
Marion Kemper
Ultra-fondant
Marie-Claire Frédéric
Un amour de dîner
Thomas Feller
Une cuillère
pour maman
Un parfum de tajine
Thierry Roussillon
Verrines
frisson garanti !
Frédéric Berqué
Verrines jolies, jolies
Florent Margaillan
Verrines qui friment
Thomas Feller
Wok attitude
Thomas Feller
Wok'n roll
Chef Simon
Yakitori entre amis
Marie Chemorin
Yaourts tout doux
Caroline Wietzel
avec ou sans yaourtière